LLUM MONTAGUE

Magia Branca
para o amor

© 2013, Editora Isis Ltda.

Supervisão Editorial: Gustavo L. Caballero
Diagramação Digital: Alexandre M. Souza
Criação da Capa: Equipe técnica Editora Isis
Revisão de Textos: Equipe técnica Editora Isis
ISBN: 978-85-88886-88-9

Dados de Catalogação da Edição

Autor: Llum Montague
Título: Magia Branca para o Amor – São Paulo: Editora Isis, Ano da 1ª Edição 2013
ISBN – 978-85-88886-88-9
1. Parapsicologia 2. Ocultismo e Espiritismo Título.

É proibida a reprodução total ou parcial desta obra, de qualquer forma ou por qualquer meio eletrônico, mecânico, por processos xerográficos ou outros, sem a permissão expressa do editor. (lei nº 9.160 de 19/02/1998).
Todos os direitos para a língua portuguesa são reservados exclusivamente para:

EDITORA ISIS, LTDA.
contato@editoraisis.com.br
www.editoraisis.com.br

Indice

Capítulo I – Comece por você..5
Capítulo II – Buscando amor e companheirismo............................27
Capítulo III – Rituais para proteger e favorecer as relações...........71
Capítulo IV – Rituais para recuperar a pessoa amada....................95
Capítulo V – Rituais para terminar uma relação..........................125

Capítulo I

Comece por você.

Se tiver um parceiro e deseja melhorar sua vida afetiva, ou se quiser encontrar um amante, deverá começar por você. Se achares que não merece ser uma pessoa querida, jamais chegará a perceber que alguém está lhe querendo, e se em algum momento chega a acreditar, pensará, ainda que é porque não lhe conhece o suficiente.

Se acredita que não tem beleza ou atrativos, jamais poderá ver-se como pessoa atraente, por mais que outros afirmem que você é.

Enquanto não cheguemos a nos ver e perceber a pessoa bonita que somos, estaremos nos antecipando ao fracasso, ao desprezo e à falta de amor e pior, estaremos fechando-nos sobre nós mesmos.

Quando você reconhece seu valor e compreende que é um ser digno de amor e receber amor se converte em algo muito natural. Não porque não tenha sido uma pessoa querida até então, mas porque agora, finalmente, pode ver sua realidade.

Quando se aprende a amar, começa a se criar uma maravilhosa história consigo que se converte no eixo central da sua vida. Já não se preocupa tanto se é ou não correspondida, porque sabe que sempre estará consigo, apoiando, aceitando, sendo amado/a como merece.

Paradoxalmente, mais do que nunca, o amor começará a entrar em sua vida. Então, o amor que nos brindam as pessoas converte-se em algo muito agradável, mas que já não é tão necessário. Deixará de sofrer por amor, deixará de esperar a aprovação das pessoas que a rodeiam e deixará de buscar afeto desesperadamente, e não necessitará mais porque estará em você. Estará ao seu lado, oferecendo-lhe tudo aquilo que necessita. Deixará de buscar fora de si o que encontrará no seu interior; tudo o que sempre buscou nas outras pessoas.

Os rituais deste primeiro capítulo são apresentados para que, seu par ideal sinta-se à vontade com você. Com eles aprenderá a desterrar alguns pensamentos, muitos dos quais você ouviu na sua infância, se alguém lhe disse que não é uma pessoa atraente ou digna de afeto. Talvez chegue a perceber que você é a pessoa que sempre esteve esperando. Amar-se a si mesma pode converter-se num longo processo para muitos de nós, mas sempre valerá a pena; qualquer pequeno ganho no âmbito do autoconhecimento produzirá fantásticos resultados na sua vida cotidiana que lhe surpreenderão e levarão você a perceber a existência como algo apaixonante.

Estes rituais constituem uma pequena ajuda, um impulso para conectar-se consigo mesmo e interiorizar-se em quem verdadeiramente você é.

Na sua vida aparecerão técnicas, ensinamentos e pessoas que também lhe ajudarão neste maravilhoso caminho do autodescobrimento; deixe que sua intuição a guie, tenha seu objetivo sempre presente e, então, esses mestres se revelarão em sua vida, no momento em que os necessite. Chegará um dia em que, com os braços abertos dará as boas vindas a essa pessoa tão especial que esteve esperando, esse ser que merece todo o seu amor: você.

Ritual de aceitação

Acenda uma vela verde, pegue uma folha de papel e faça uma lista com tudo que acredite que são seus defeitos. Escreva tudo no que você acredite, tanto os defeitos físicos, como aqueles que estão relacionados com seu modo de ser. Quando tiver terminado, em outra folha de papel, escreva tudo ao contrário do que afirmou originalmente. Por exemplo, se escreveu na primeira folha: "Tenho um nariz horrível", anote na sua segunda lista: "Meu nariz é perfeito".

Faça assim com cada um dos defeitos que escreveu na primeira folha. Ao terminar, acredite que tudo o que escreveu na segunda folha é verdade.

No exemplo do nariz, poderia declarar algo assim: "Tenho um nariz perfeito porque me permite respirar dizem que me dá um toque pessoal e meus avôs diziam-me que meu nariz é muito simpático".

Repita este procedimento com cada item da sua lista e observe em que sentido é verdade. Não procure enganar-se tome todo o tempo que necessite para encontrar suas próprias respostas. Quando tiver terminado, queime a primeira lista e apague a vela. Leve a segunda lista sempre consigo até que seu conteúdo se converta na sua verdade.

Ritual da lua cheia.

Este ritual permitirá descobrir que emoções e facetas da sua personalidade você não aceita ou trata de ignorar. Deverá realizá-lo com a lua cheia à partir da meia noite.

- Localize uma janela na sua casa, através da qual possa ver a lua.
- Ao lado da janela coloque um espelho grande onde poderá ver-se de corpo inteiro.
- Acenda uma vela verde e queime um pouco de agrimônia dentro de uma concha do mar resistente ao fogo e observe-se no espelho.
- Peça a lua que lhe mostre quais as parte de si que ignora ou não aceita.
- Permaneça atenta a tudo que lhe venha à mente e escreva em um pedaço de papel.
- Quando tiver terminado, apague a vela.
- Agradeça à Lua a informação que lhe deu e dê graças a si mesmo por poder recebê-la.

Durante os dias seguintes, até a fase da lua nova, medite sobre a informação recebida. Quando começar a lua nova, pratique o ritual que vem a seguir.

Ritual da lua nova.

Esta fase lunar favorece a verdadeira compreensão e o autoconhecimento. Permite-nos observar-nos a partir da perspectiva da verdadeira sabedoria e distanciar-nos da visão crítica que temos de nós mesmos.

Trabalhar a autoestima nos ajudará a renascer na seguinte fase lunar.

- Coloque um espelho próximo de uma janela, acenda uma vela verde; queime um pouco de óleo de essência de pinho.
- Dispa-se e cubra-se com um lençol ou uma túnica branca.
- Observe-se ao espelho durante um tempo e agradeça a cada parte do seu corpo por ter-se apresentado até este momento.
- Agradeça especialmente àquelas partes do seu corpo que nem sempre as apreciou como merecem e peça-lhes perdão. Por exemplo, se não lhe agradam as suas pernas porque considera que são demasiado grossas ou demasiado magras, agradeça-lhes porque a levaram sempre de um lugar a outro e com humildade e sinceridade, peça-lhes perdão por tê-las criticado.
- Conscientize-se do maravilhoso presente que é o seu corpo.
- Quando tiver terminado, retire a túnica e observe seu corpo nu no espelho, durante o tempo que creia necessário, a fim de poder integrar esta nova visão de si mesmo.

Ritual para superar os bloqueios emocionais.

Se há um aspecto na sua personalidade que lhe custe aceitar, algo de que se envergonhe ou que creia que não pode perdoar, escreva-o numa folha de papel. Por exemplo, se não pode perdoar-se por ter dado um tapa no seu filho num momento de tensão, escreva: "Não posso perdoar-me por ter dado um tapa no meu filho" ou qualquer outra frase que tenha sentido para você.

- Numa mesa grande, acenda uma vela azul e coloque o papel em baixo da vela.
- Acenda seis velas cor rosa e coloque-as na mesa, ao redor da vela azul.
- Queime um pouco de sálvia numa concha resistente ao fogo.
- Escolha uma das velas rosa, observe-a durante um tempo e defina se o que fez é realmente imperdoável.
- Pense nas condições que levaram você a agir deste modo e conscientize-se delas.
- Apague a primeira vela rosa e diga: "Eu me perdôo por ter agido deste modo".
- Observe agora outra vela rosa e repita este procedimento, até que tenha apagado todas as velas desta cor.
- Queime o papel na concha e deixe que a vela azul se consuma totalmente.

Ritual de cura para o medo de amar.

Muitas pessoas que experimentaram uma relação traumática ou uma ruptura dolorosa evitam as relações por medo de voltarem a sofrer.

Custa-lhes entender que a ruptura foi parte de um processo de aprendizagem necessário e que naquela ocasião careciam de conhecimentos para detectar os sinais de alarme que lhes mostrava que aquela relação não ia bem.

Este ritual nos ajudará a esquecer uma relação conflituosa e a libertar-nos do medo de amar novamente.

- Numa noite de lua nova escreva numa folha de papel o nome de sua antiga parceira ou parceiro.
- Queime em uma concha resistente ao fogo algumas folhas de salvia e de verbena secas; acenda uma vela verde.
- Medite sobre as falsas expectativas que criou nessa relação e todos os sinais de alarme que não quis ouvir no seu devido momento.
- Quando tiver terminado, queime na concha o papel com o nome da sua antiga companheira ou companheiro; apague a vela.
- Vá dormir e peça aos seus sonhos que lhe mostrem claramente os erros que cometeu naquela relação.

Ritual para o perdão

Necessitamos perdoar nossos antigos parceiros para poder avançar em nossas vidas e abrir-nos de novo ao amor.

Se, ainda guarda ressentimentos, é muito difícil que possa entregar-se satisfatoriamente a uma nova relação.

- Unja 6 velas molhadas com óleo de lavanda; coloque-as formando um círculo e acenda-as.
- Grave o nome do seu antigo parceiro numa vela branca, coloque-a no centro do círculo formado pelas velhas molhadas e acenda-a também.
- Sente-se comodamente e medite sobre essa pessoa.
- Visualize o estado do seu coração após ter passado por essa relação.
- Imagine que uma luz vermelha entra pelos seus pés, subindo até seu coração e depois sai pela sua cabeça.
- Repita este processo imaginando luzes de cor laranja, azul, violeta e finalmente uma luz branca.
- Visualize agora o seu coração e trate de encontrar as diferenças da situação inicial.
- Apague as velas molhadas e deixe que a branca se extinga totalmente.
- Repita este ritual até que sinta que seu coração esteja curado.

Ritual para transformar as emoções.

Se deseja mudar algum padrão emocional que não lhe agrade, como a irritabilidade, a tendência à ofensa, aos ciúmes, ao remorso ou à ansiedade, sua planta aliada é a sempre-viva.

Em um pedaço de papel deverá escrever seu nome e a emoção que deseja mudar.

Numa concha, queime um pouco de sempre-viva amarela e o papel com o seu nome, enquanto pede ao espírito da planta que o ajude a transmutar a emoção que lhe causa problemas.

Se quiser reforçar este ritual, pode queimar algumas gotas de azeite de essência de sempre viva num difusor de essências.

Amuleto de noz moscada.

Leve sempre consigo uma noz moscada dentro de um saquinho de seda vermelha se deseja aumentar a confiança em si mesma e ver-se como uma pessoa atraente e merecedora de afeto.

Ritual para desenvolver a confiança em si mesmo.

Pratique este simples ritual se deseja aumentar sua atração e fortalecer a confiança em si mesma.

- Necessitará de um ramalhete de Hipérico e de uma vela cor laranja.
- Acenda a vela e coloque o ramalhete de Hipérico ao lado.
- Visualize-se como uma pessoa atraente e de muita confiança em si mesma.
- Deixe que a vela se consuma completamente e depois deposite o Hipérico atrás da porta principal da sua casa.

Ritual para superar a timidez.

Se, devido a sua timidez, suas oportunidades para relacionar-se e conhecer possíveis namorados se vêem consideravelmente reduzidas, faça rápido, por meio de um recipiente com óleo de girassol, algumas folhas de cilantro, óleo essencial de rosas e uma cartolina amarela ou laranja.

- Na fase crescente da lua, misture o óleo de girassol com as folhas de cilantro.
- Acrescente 7 gotas de óleo essência de rosas e agite bem.
- Molhe os dedos na mistura e use-os como pincéis para desenhar um rosto sorridente na cartolina.
- Deixe o desenho a noite toda próximo da sua cama e queime-o na manhã seguinte.

Ritual para aumentar a atração e o carisma.

Desde tempos imemoriais, na Rússia, utilizou-se o helênio para aumentar a atração física e atrair o amor.

Dizia-se que esta planta faz realçar a formosura do corpo, alegra o coração e desperta a virtude genital.

- Consiga alguns ramos desta planta e deixe-os secar.
- Quando estiverem secos, pulverize-os num pote de argila com um pouco de colofônia.
- Guarde a mistura num saquinho e leve-o sempre consigo.
- Também pode pulverizar sobre suas roupas um pouco de helênio triturado se deseja despertar o interesse sexual dos que estão ao seu redor.

Ritual da beleza

Escolha uma raiz de gengibre bonita que chame sua atenção.
- Amarre um laço vermelho ao seu redor e guarde-a dentro de uma bolsinha de tecido vermelho.
- Traga-a sempre consigo se quiser adquirir um toque especial e invisível de beleza e elegância.

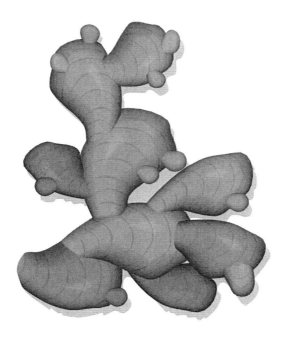

Ritual para descobrir sua beleza.

Este ritual deverá praticar-se de manhã, ao meio-dia e à noite, se possível, no mês de junho.

- De manhã, depois de levantar-se, lave o rosto com uma mistura de água de rosas e mel.
- Ao meio-dia encha a banheira com água quente e friccione o corpo com as pétalas das suas flores favoritas, enquanto deixa que os raios do sol se filtrem através dos cristais da janela do seu banheiro.
- À noite, coloque um espelho grande próximo de uma janela, por onde passe a luz do luar.
- Dispa-se e cubra seu corpo com um tecido branco, confeccionado com um material natural como seda, algodão ou linho.
- Apague todas as luzes e sente-se diante do espelho.
- Perceba a luz da lua refletindo-se no espelho e no seu corpo.

Ritual da beleza e do amor.

Faça um círculo com 5 velas vermelhas e acenda-as.
- Coloque no meio alguma foto sua e peça às deusas do amor que a ensinem a ressaltar sua beleza.
- Agradeça-lhes de antemão e sem que ninguém saiba, faça algo de agradável por alguém que despreze.

Ritual para recuperar-se de um desengano amoroso.

Este ritual foi idealizado para recuperar-se de relações tormentosas e daninhas das quais saímos feridos ou humilhados.
- Corte uma maçã em pequenos pedaços.
- Pulverize-os com pimenta caiena moída e mel.
- Deixe-os num local separados até que apodreçam e em seguida atire-os no vaso sanitário.
- Diga em voz alta, diante de um espelho que aprenderá a querer novamente, mas desta vez, agirá com mais sabedoria.

Ritual para curar um coração ferido.

Sete dias antes da Lua Nova:
- Amarre com um pedaço de corda vermelha um ramo de verbena e leve-o durante 7 dias por entre as suas roupas.
- Na noite da Lua Nova, tome uma ducha, lave o rosto 7 vezes seguidas e se vista de branco antes de começar o ritual.
- Sobre uma mesa, acenda 3 velas.
- Desamarre a corda da rama de verbena e enterre-os (corda e verbena) em baixo de uma árvore.
- Apague a primeira vela e diga: "Meu amor por (nome do seu antigo parceiro ou parceira) regresse à natureza, como fez a verbena".
- Ao apagar a 2ª vela pronuncie: "libertei-me da dor, do mesmo modo que a verbena livrou-se da sua corda".
- Ao apagar a 3ª vela, termine: " Meu amor por (nome do seu antigo parceiro ou parceira) descanse agora para sempre como a verbena.

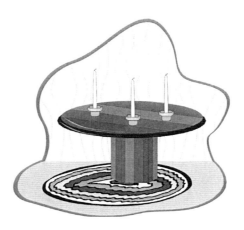

Ritual para romper com o passado.

Se sua vida amorosa foi, até hoje, um autêntico desastre, não desanime. Com este ritual poderá mudar os padrões negativos que o levaram ao sofrimento nas antigas relações.

- Tudo o que necessita é um punhado de canela moída, um punhado de orégano, uns ramos de salvia, uma raiz de gengibre e várias folhas de alfavaca.
- Triture todos os ingredientes num moedor ou com a ajuda de um liquidificador.
- Vá para a rua e lance a mistura pulverizada ao vento, enquanto imagina que todo passado ficou para trás.
- Sinta que está iniciando uma nova etapa da sua vida.
- Peça ao vento que leve suas preocupações e permita a si mesma deixá-las seguir.

Capítulo II

Buscando
amor e
companheirismo

O presente capítulo contém vários rituais relacionados com a busca do companheiro ou companheira.

Muitos deles levarão você a se interiorizar acerca do que exatamente deseja.

Acontece que às vezes ao praticar um ritual, percebemos que tínhamos uma ideia equivocada a respeito do que realmente desejávamos. Em casos assim, o ritual não produzirá qualquer resultado, pois falta seu ingrediente principal: a intenção. Tampouco fará efeito se a busca por um grande amor surge do medo da solidão; se assim for, resulta mais útil praticar os rituais do capítulo 1.

Os rituais deste capítulo são indicados para todos aqueles que experimentam um grande desejo de amar e de serem amados.

Seus aliados serão as sextas-feiras, a Lua na fase crescente, as rosas, a cor vermelha, as maçãs e os frutos em geral.

Ritual para reconhecer sua alma gêmea.

- Acenda duas velas brancas sobre uma mesa e rodeie-as com um círculo de folhas de louro.
- Feche os olhos, ponha sua mão direita sobre o coração e peça para ter uma visão da sua alma gêmea.
- Tome todo o tempo que necessite até que possa conseguir uma visão clara.
- Quando a tiver, imagine que uma luz branca conecta seu coração com o da imagem da sua alma gêmea.
- Sinta sua proximidade e desfrute dessa sensação.
- Para finalizar, agradeça sua presença e peça-lhe que se mostre em sua vida.
- Abra os olhos, apague as duas velas e una-as com um pedaço de fita dourada.
- Guarde-as em algum lugar onde ninguém as possa ver, até que essa pessoa apareça em sua vida.
- Depois, enterre-as ou abandone-as num cruzamento de caminhos.

Ritual do âmbar para encontrar a sua alma gêmea.

Os ciganos de origem Romenos acreditam que o âmbar atua como um ímã e atrai a alma gêmea ao seu portador.

- Lave uma peça de âmbar com abundante água em baixo de uma torneira.
- Durante uma noite de quinta-feira, elabore uma lista das qualidades que espera encontrar na sua alma gêmea e tente visualizá-la.
- Coloque o âmbar debaixo do seu travesseiro e vá dormir.
- Na manhã seguinte, pegue o âmbar com a mão esquerda e aproxime-o do seu coração.
- Visualize sua alma gêmea o mais nitidamente que possa.
- Ponha o âmbar dentro de um saquinho de seda vermelha e pendure-o ao seu pescoço ou entre sua roupa, perto do coração.
- Durante seis dias repita as visualizações de manhã e ponha o âmbar em baixo do travesseiro à noite.
- Passado esse tempo, leve sempre o âmbar junto do coração, até que sua alma gêmea se manifeste.

Ritual para encontrar o parceiro ou parceira ideal.

Para praticar este ideal o mais importante é que abandone todas as ideias pré-concebidas a respeito de como deseja que essa pessoa seja e permita que a vida lhe surpreenda.

- Necessitará de duas velas, (uma branca e outra da sua cor favorita) uma mesa, um pedaço de tecido cor de rosa para cobrir a mesa e um giz vermelho.
- A vela da sua cor favorita simbolizará você e a branca, o seu futuro companheiro ou companheira.
- Cubra a mesa com o pedaço de tecido rosa.
- Pegue a vela que simboliza você e expresse em voz alta todas as qualidades que você posui para uma nova relação.
- Ponha a vela sobre o altar e pegue a vela branca entre as mãos. Pense nas qualidades que lhe agradariam encontrar no seu parceiro ou parceira e expresse-as em voz alta.
- Com o giz, desenhe um coração sobre o tecido cor de rosa e ponha uma vela em cada extremo do desenho.
- Durante 28 dias, aproxime-as cada dia um pouco mais até que cheguem a tocar-se.

Ritual para sonhar com sua futura companhia.

Este antigo ritual deve ser realizado nas noites de 13 para 14 de qualquer mês.
- Ponha três amêndoas grudadas dentro de uma bolsinha e coloque-as em baixo do seu travesseiro.
- Antes de ir dormir, diga: "amêndoas, símbolo do amor e da fertilidade, façam-me sonhar com meu futuro parceiro ou parceira."
- Coloque uma folha de papel e um lápis em seu criado-mudo para anotar qualquer indicação que os sonhos lhe tragam.

Ritual para saber se é correspondido.

Se quiser saber se é correspondido pela pessoa que ama:
- Pegue uma semente de maçã e dê-lhe o nome dessa pessoa especial para você.
- Depois atire a semente ao fogo.

A tradição cigana diz que se for correspondida, a semente estalará fazendo um pequeno ruído.

Mas se apenas queimar silenciosamente, terá que pensar em outra pessoa.

Ritual das velas côncavas.

Pratique este ritual se deseja atrair um amor indeterminado na sua vida.

- Necessitará de uma vela grossa de cor vermelha ou rosa.
- Esvazie a base da vela com a ajuda de uma faca e recheie-a com pétalas de peônia seca (assegure-se de que não vá nenhuma semente de peônia, pois se diz que são portadoras de desgraças).
- Ponha a vela sobre um prato resistente ao calor e acenda a vela.
- Sem desatentar em nenhum momento, deixe que se consuma totalmente.

Feitiço de adivinhação nº 1

Se ainda, não tem um alguém, mas deseja saber com quem compartilhará sua vida:

- Pegue uma maçã e descasque-a, com uma faca bem afiada, em uma longa tira cuidando para que a casca não se rompa.
- Enquanto faz isso, pense em todos os seus possíveis pretendentes.
- Jogue a casca por trás de você, por cima do ombro esquerdo.
- Se, ao cair, a casca se rompe, significa que ainda não conhece o seu futuro amor.
- Se não se romper, concentre-se na tira de casca de maçã.
- Sua forma lhe lembrará de alguma letra em concreto?
- Dizem que sua forma lhe revelará a letra inicial de uma pessoa que já conhece com quem compartilhará sua vida no futuro.

Feitiço de adivinhação nº 2.

A seguir, outra forma de averiguar com quem compartilhará sua vida.

- Pense nos seus pretendentes e nas pessoas que lhe atraem e conte-os.
- Faça bolas (de papel ou outro material) tantas quanto as pessoas que você acredite serem seus pretendentes.
- Em cada bola, prenda com um alfinete, as iniciais de cada um deles (uma bola para cada pretendente).
- Ponha diante de si um caldeirão cheio de água, a uma distância de meio metro e atire as bolas na água.

Ao cabo de 5 minutos, concentre-se na bola que esteja mais próxima de você.

Leia as iniciais e saberá quem será essa pessoa especial.

Ritual da boa sorte no amor.

Prepare um altar com um lenço de seda vermelha.
- Coloque em cima: duas velas douradas, duas velas cor de rosa, duas velas azuis, uma ferradura, uma chave e duas rosas vermelhas.
- Acenda as velas e deixe que se consumam completamente.
- Retire o lenço do altar e ponha-o na gaveta onde guarda sua roupa íntima.
- Deixe-o ali durante 14 dias seguidos.
- Passado esse tempo, amarre a chave e a ferradura com uma fita vermelha e esconda-as em qualquer lugar dentro do seu quarto. Depois enterre as rosas vermelhas.
- Cada vez que for à rua, leve consigo o lenço de seda vermelha escondido entre a roupa.

Ritual para transformar a amizade em amor.

Para este ritual serão necessários: três colheradas de mel, três folhas de menta fresca, dois torrões de açúcar, três colheradas de hena em pó, treze grãos de pimenta, três pétalas de rosa amarela, um ovo, uma caneta hidrográfica verde, uma pena de galinha, um pedaço de tecido negro e amarelo e uma concha de madeira ou meia casca de um coco.

Escreva no ovo, com a caneta hidrográfica verde, o nome do amigo ou da amiga que deseja que lhe corresponda.

- Misture todos os ingredientes dentro da concha de madeira e ponha o ovo no meio.
- Tampe a concha com o pedaço de tecido negro e amarelo.
- Ao anoitecer, vá até um rio.
- Ofereça a concha aos espíritos do rio e peça-lhes que agora lhe devolvam o favor, fazendo com que esta pessoa se apaixone por você.
- Dê sete passos para diante e regresse para sua casa.

Feitiço de amor mouro.

Para praticar esse antigo feitiço necessitará de um punhado de sementes de cilantro, uma porção de alcarávia, um pouco de massa, alguns cominhos, um pouco de limão, um pouco de mirra e a palha de uma vassoura de um cemitério.

- Numa quinta-feira à noite, vá a um lugar descampado e faça uma fogueira.
- Quando começar a arder bem, atire ao fogo as sementes de cilantro e diga: "cilantro mágico, faça que se torne louco por mim".
- Atire agora as alcarávias e continue: "mágica alcarávia, que vague sem cessar até chegar a mim".
- Atire depois a massinha ao fogo enquanto diz: "massinha mágica, que seu coração chore até chegar a mim".
- Lance o cominho e diga: "cominho mágico, traga-o/a até mim".
* Arremesse o limão ao fogo com as seguintes palavras: "limão mágico, acenda o fogo do seu coração".
- Atire a mirra e diga: "mirra mágica, que ele não encontre tranquilidade até chegar a mim".
- Para finalizar, atire a palha da vassoura do cemitério e diga: "palha mágica, traga esta pessoa para mim".
- Deixe que o fogo se extinga totalmente e vá para sua casa, se a fogueira apagar-se antes de finalizar o ritual, esta pessoa não será para você.

Talismã para atrair a pessoa que deseja.

Pegue duas agulhas de costura do mesmo tamanho e coloque-as uma ao lado da outra, mas com a cabeça de uma do lado da ponta da outra.

- Envolva as duas agulhas dentro de uma folha de consuelda fresca ou, na sua falta, de qualquer outra folha fresca que puder encontrar.
- Amarre tudo com um fio de lã vermelha e guarde dentro de uma bolsinha de tecido ou de couro que possa pendurar no pescoço.
- A cada dois dias alimente este talismã com duas gotas de uísque, mas nunca o tire da bolsa.
- Quando for correspondido/a deverá romper imediatamente o amuleto e deixá-lo num cruzamento de caminhos ou enterrá-lo.

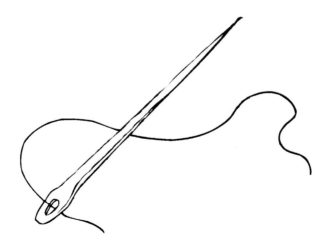

Ritual para atrair a pessoa que deseja nº 1.

Unja uma vela vermelha com azeite de oliva, primeiro da metade para cima, depois da metade para baixo.
- Grave, com a ajuda de um objeto pontiagudo ou com um alfinete, o nome da pessoa que lhe atrai e acenda a vela.
- Sente-se diante da vela até que se consuma totalmente e imagine que seu objetivo foi cumprido.

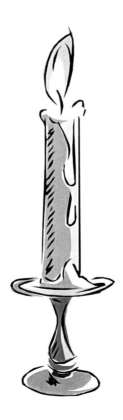

Ritual para atrair a pessoa que deseja nº 2.

Carregue seu coração de boas intenções e com uma romã na mão esquerda, caminhe até a casa da pessoa que deseja que lhe corresponda.
- Ao chegar à porta da sua casa, abra a romã e comece a atirar seus grãos ao solo, de um em um, enquanto empreende o caminho de regresso a sua casa.
- Faça isso discretamente, sem que ninguém possa ver o que é que está atirando.
- Se a pessoa vive em outra cidade, pode fazer este mesmo ritual, iniciando o percurso no local onde deixa seu carro estacionado ou na estação.

Ritual para atrair a pessoa que deseja nº 3.

Compre três metros de fita: um metro de cor rosa, outro de cor arroxeada e outro branco.

- Ponha as três fitas juntas, faça um nó numa ponta e faça uma trança com elas enquanto pronuncia seu nome e o da pessoa que queira que lhe corresponda.
- Amarre um pedaço de pau de canela no final da trança e leve este amuleto consigo até que seu desejo se manifeste.

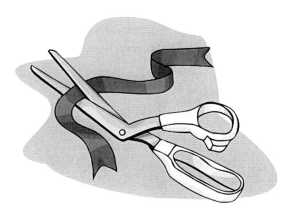

Ritual para atrair a pessoa que deseja nº 4.

Para preparar este ritual vai precisar de duas velas com forma humana.
Escolha uma vela que a represente.
- A outra representará a pessoa que deseja que se converta em seu parceiro/a ou amante.
- Ponha dois ou três cabelos dessa pessoa na vela que a represente e dois ou três cabelos seus na outra vela.
- Com a Lua Nova, coloque-as a um metro de distância entre si, numa mesa ou estante.
- Acenda-as e deixe que queimem durante 15 minutos.
- No dia seguinte, aproxime as velas entre a uns poucos centímetros e torne a acendê-las durante outros 15 minutos.
- Repita a operação durante um total de sete dias, aproximando as velas cada vez mais, até que cheguem a tocar-se.
- Guarde os restos de cera do último dia dentro de uma bolsinha de tecido vermelho e use-o como talismã.

O feitiço da rosa.

Este feitiço é especialmente efetivo se deseja conquistar o coração de alguém a quem acabou de conhecer.

- Corte uma rosa vermelha e antes de dormir deixe-a sobre seu criado mudo, entre duas velas vermelhas grandes.
- Não as acenda.
- No dia seguinte, ao amanhecer, sente-se próximo de uma janela da sua casa que dê para o leste e ponha a rosa diante de você. Inale seu perfume e diga: "Esta rosa vermelha é para o amor verdadeiro; o amor verdadeiro vem até mim".
- Deixe a rosa sobre o móvel, entre as duas velas vermelhas e acenda-as.
- As velas deverão queimar até que a rosa murche.
- Depois, enterre a rosa e o que sobre das velas.

Ritual para receber uma chamada telefônica nº 1.

Se conheceu alguém que lhe é atraente e deseja que lhe chame por telefone, as supostas propriedades telepáticas da milenrama podem ajudá-lo.

- Corte um broto de milenrama em duas partes e escreva o nome dessa pessoa num pedaço de papel.
- Envolva um dos pedaços da milenrama num papel e atire-o ao fogo.
- Segure o outro pedaço com a mão esquerda e tente visualizar o mais nitidamente possível essa pessoa.

Ritual para receber uma chamada telefônica nº 2.

Com tinta vermelha escreva num pedaço de papel o nome da pessoa que deseja que a/o procure.
- Cole com fita adesiva uma pena de pomba no papel e dobre-o em quatro partes.
- Deixe o papel ao lado do telefone.
- Se não chamar em seis horas, deverá queimar o papel e a pena e recomeçar tudo.

Ritual para atrair amantes.

- Misture pétalas de hibiscos e de rosas em partes iguais.
- Ferva a mistura em fogo lento e deixe esfriar.
- Guarde-a num frasco com pulverizador e orvalhe o líquido desde a porta de entrada da sua casa até a porta do seu dormitório.

Perfume mágico para a sedução.

Acerca deste perfume, usado tradicionalmente em Nova Orleans, contam que tem o poder de atrair muitas pessoas.

- Utilize-o apenas em pequenas quantidades para evitar situações indesejadas.
- Para elaborá-lo, precisará de cálamo aromático seco, unha de gato seca e damiana seca.
- Triture as plantas numa pote de argila e misture-as com óleo essencial de bergamota e de rosa.
- Não o utilize diretamente sobre a pele no início; é melhor que derrame duas gotas do preparado num algodão e o leve entre a sua roupa íntima.
- Também pode queimar algumas gotas num difusor de aromas e deixar que suas roupas fiquem impregnadas com o perfume.

Banho ritual para a sedução.

Com este ritual você se sentira mais atraente e sua capacidade de sedução aumentará. Necessitará de sete margaridas, alguns ramos de lavanda, um pedacinho de canela, uma maçã, a casca de uma laranja e uma vela vermelha.

- Encha a banheira com água quente e acrescente as margaridas, a lavanda, a laranja e a canela.
- Corte a maçã pela metade e deixe-a também na água da banheira.
- Acenda a vela vermelha, apague as luzes e banhe-se por vinte minutos.
- Não use nenhum tipo de sabão.
- Durante o banho, visualize-se como uma pessoa atraente e sedutora.
- Enxugue-se ao ar livre, sem usar toalha.

Ritual celta para atrair uma relação estável.

Se o que deseja é encontrar uma pessoa com quem mantenha uma relação estável e forme uma família:
- Plante algumas sementes dentro de sua casa em pequenos vasos de barro.
- Quando as plantas começarem a crescer, transplante-as na terra de um jardim público.
- Quantas mais árvores cresçam, maiores serão as possibilidades de que sua vida seja abençoada com a pessoa companheira, estável e amorosa.

Amuleto de quartzo rosa para atrair o amor.

Escolha uma quinta-feira de lua minguante para fabricar este amuleto.

Necessitarão de um quartzo rosa, uma vela da mesma cor, quatro pétalas de rosa, um pouco de lavanda, uma raiz de gengibre e uma fita cor rosa.

- Acenda a vela e coloque ao seu lado, a lavanda, a raiz de gengibre e as pétalas de rosa.
- Circunde estes elementos com a fita, formando um círculo.
- Segure o quartzo rosa na mão e diga: "Peço aos quatro elementos que ativem este amuleto para atrair o amor à minha vida.
- Ponha o quartzo dentro do círculo e deixe que a vela se consuma totalmente.
- Desfaça-se da raiz de gengibre, das pétalas de rosa, dos restos da vela e da fita.
- A partir de agora leve o quartzo rosa sempre consigo.

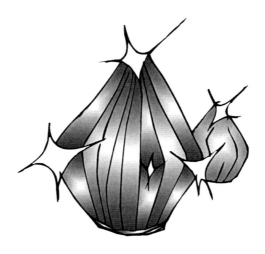

Amuleto tonka.

Tonca ou fava-de-cheiro é uma planta da família das leguminosas, originária da zona tropical da América, com reputação de ser um poderoso amuleto para atrair o amor e manter afastados os amantes indesejados.

Leve em um dos bolsos ou presa ao colo dentro de uma pequena bolsa para amuletos.

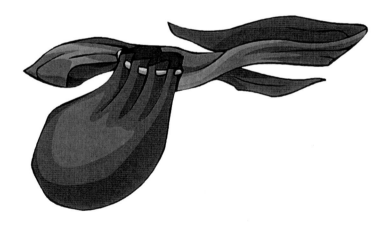

Gomos de zimbro.

Estes gomos trazem êxito amoroso ao seu portador e a prova disto é que existem numerosos rituais e feitiços de amor que os utilizam como principal ingrediente.

O mais simples de todos consiste em fabricar um colar ou pulseira com gomos de zimbro.

Para isto, apenas deve perfurar os gomos com a ajuda de uma ponta e fazê-los passar por um cordão.

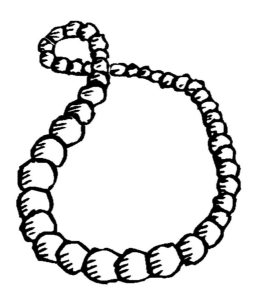

Amuleto de copal para encontrar um parceiro.

O copal é uma árvore tropical da família do algarrobo, que produz uma resina cheirosa muito utilizada na elaboração de amuletos.

Se quiser fabricar um amuleto de copal para atrair uma companhia para si, pulverize um pouco de resina de copal num pote de argila e guarde o pó dentro de um relicário. Carregue-o sempre consigo, preso ao colo ou num dos bolsos.

Ritual para encontrar parceiro nº 1.

Numa noite de lua cheia:
- Envolva um anel de prata em um pedaço de tecido branco e enterre-o no seu jardim ou em um vaso de barro.
- Regue-o com vinho, enquanto visualiza como quer que seja seu companheiro/a.
- Desenterre o anel na seguinte lua cheia e coloque-o até que seu companheiro se manifeste.

Ritual para encontrar parceiro nº 2.

Numa noite de lua nova:
- Escreva numa folha de louro aquilo que deseja. Pode escrever algo assim como parceiro ou amor, ou qualquer palavra que expresse o que queira.
- Vá para a rua com a folha de louro na mão e mire o céu.
- Peça à lua que torne realidade o seu desejo.
- Beije três vezes a folha de louro e entre de novo na sua casa.
- Durma com ela em baixo do travesseiro até que seu desejo se manifeste.

Ritual para encontrar parceiro n° 3.

- Encha até a metade uma jarra limpa com água de um manancial e acrescente três gotas de baunilha, uma gota do seu sangue, um cabelo seu, um quartzo rosa, algumas sementes de coentro e um ramo de menta.
- Acenda uma vela vermelha e utilize sua cera para selar o jarro.
- Numa noite de quinta-feira, com lua cheia, enterre o jarro próximo à entrada da sua casa.

O ritual da cebola.

Este ritual irá lhe ajudar a conquistar o coração da pessoa que ama.
- Plante uma cebola num vaso de barro com terra e deixe-o numa janela.
- Regue-o a cada manhã e a cada noite, enquanto recita: "Que cresça esta planta e que cresça o amor de (nome da pessoa) por mim.

Ritual da meia soquete.

Para atrair para si a pessoa que deseja, consiga uma meia soquete e encha-a com açúcar e limadura de ímã em partes iguais.

- Dé um nó na meia e coloque-a em baixo do seu colchão até que essa pessoa lhe corresponda.
- Depois enterre a meia ou abandone-a numa encruzilhada.

Ritual "busca-me".

Este é o resultado ideal para conseguir que aquela pessoa que acaba de conhecer e que parece interessada por você, não a esqueça e a procure novamente. Necessitará de um jarra de barro cozido, dois pedaços de carvão e algumas gotas de azeite de oliva.

- A noite, com a lua crescente, triture num pote de argila os dois pedaços de carvão.
- Mele completamente o exterior da jarra com o carvão moído enquanto pensa nessa pessoa que a atrai.
- Deixe a jarra na parte exterior de uma janela ou num balcão durante toda a noite.
- Na manhã seguinte, deixe a jarra de boca para baixo num lugar dentro da sua casa onde ninguém possa vê-la.
- Molhe os dedos no azeite de oliva e desenhe ao redor da jarra um círculo de azeite.
- Se, ao final de 15 dias, essa pessoa não fizer contato com você, desfaça-se da jarra.

Ritual húngaro da cruz dos caminhos.

Se desejar que a pessoa que ama lhe corresponda:
- Consiga vários cabelos dessa pessoa e queime-os numa encruzilhada de caminhos após o sol poente, sem que ninguém o veja.
- Enquanto os queima, procure visualizar que seu desejo se cumpra.
- Abandone o lugar e não vire para trás.
- Seu desejo se manifestará em pouco tempo.

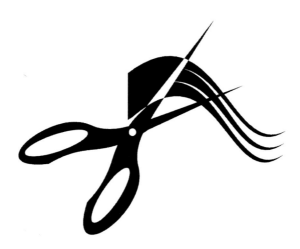

Ritual do banho mágico.

Se procurar um parceiro e for convidado para um lugar onde possa encontrar algum "candidato", suas possibilidades aumentarão se praticar este ritual.

- Misture sete botões de rosa vermelha com sete folhas de levítico e sete sementes de pimentão.
- Prepare com eles uma infusão e deixe-a em repouso durante meia hora.
- Encha sua banheira com água temperada e acrescente a infusão com as plantas.
- Desfrute de um banho, pelo menos 20 minutos e enxugue-se ao ar sem toalha.

Ritual Express.

Encontra-se numa festa e é apresentado a uma pessoa que o atrai, mas não tem tempo, nem meios para preparar um ritual. Além do mais, se não fizer nada, é possível que não volte a ver essa pessoa.

Se se encontra nesta situação, apresse-se e encontre uma maçã.
- Com ela na mão, aproxime-se dessa pessoa.
- Dê uma mordida na maçã e depois a ofereça.
- Se ela também lhe der uma mordida, seus desejos se verão cumpridos.

Ritual para encontrar parceiro depois de um rompimento.

Acaba de romper com seu companheiro e deseja encontrar um substituto o quanto antes, porque é da teoria de que um "cravo subistitui outro cravo".

Então é este o seu ritual:
- Com a lua cheia, ponha a macerar no uísque algumas folhas de unha de gato durante toda a noite.
- Depois coe o líquido e esparrame algumas gotas no chão da porta da sua casa durante 21 dias seguidos.

Ritual para romper a maré de má sorte no amor.

Esta variante de um ritual indicado para aqueles que acumulam desventuras amorosas e estão fartos da sua má sorte no amor.
- Com uma maçã na mão, suba ao telhado de sua casa, e sem que ninguém o veja, conte à maçã todas as suas desgraças.
- Fale com ela como se tratasse de uma pessoa e se acredita que não é justo o que lhe ocorreu, diga-lhe também.
- Ao terminar, levante o braço com a maçã na mão e diga:"Deus, contei meus problemas a esta maçã".
- Desça do telhado e dê a maçã a um animal, preferivelmente a uma galinha.

Segredo indiano para atrair um marido rico.

Algumas jovens do sul da Índia ungem o corpo com óleo de cúrcuma durante cinco dias seguidos para atrair pretendentes endinheirados.

Em algumas zonas da Europa, com o mesmo propósito, existe o costume de esconder uma noz moscada por entre a roupa.

Capítulo III

Rituais
para proteger
e favorecer as
relações.

Este capítulo foi concebido para fortalecer os laços afetivos já existentes entre os dois membros do casal. Encontrará alguns rituais para praticar em conjunto, ainda que a maioria se realize em solidão individual, com o propósito de reforçar ou melhorar a relação.

Não é estranho que alguns tenham um caráter quase festivo: a intenção de melhorar nossa relação de casal é algo digno de celebração.

Os rituais que encontrará neste capítulo são, talvez, os mais antigos, pois, desde tempos imemoriais vem praticando-se todo tipo de feitiço para propiciar a união do casal para sempre, especialmente diante da adversidade.

Milenrama.

Dizem que trazer entre a roupa algumas folhas frescas de milenrama arrancadas numa noite de lua, nova ajuda a fortalecer a relação do casal portador.

Se desejar que a sua atual relação de casal se torne mais romântica, faça uma infusão dessa planta, despeje-a na água da banheira e tome um banho com seu parceiro de pelo menos 20 minutos.

Amuleto do amor eterno.

Na Inglaterra, tradicionalmente, vem sendo usada a raiz do levítico como amuleto para propiciar a sorte no amor. Esta raiz, dizem, que tem o poder de manter eternamente unido o casal.

Temos a receita original para o preparo de um amuleto de levítico:

- Parta a raiz ao meio e coloque dentro um papel com seus nomes.
- Amarre a raiz com o papel dentro, usando três fios: um vermelho, outro verde e o outro branco.
- O fio vermelho garante a paixão do casal, o branco, a fidelidade e o verde, a prosperidade e a descendência.
- Para finalizar, enterre a raiz próxima ao cimento da sua casa.

Feitiço para o dia do casamento.

Este feitiço garante uma boda sem complicações e a felicidade do casal.

- Envolva uma agulha de costura e um pouco de sal num pedaço de seda vermelha.
- A noiva deverá trazer este amuleto dentro do sapato durante a cerimônia.

Feitiço do amor eterno.

Esse feitiço assegura o amor duradouro entre o casal.
- Necessitará de um punhado de areia, uma pena de rola ou de pomba e três amendoins moídos.
- Ponha os ingredientes dentro de uma panela e acrescente um litro de água fervendo.
- Cozinhe tudo em fogo lento até que a água se evapore totalmente.
- Enquanto a água ferve, visualize que seus desejos se manifestem.
- Guarde os restos dentro de um saquinho de tecido vermelho e traga-o como amuleto.

Feitiço Sator.

Este feitiço é um dos mais antigos que se conhece e data da época do império romano.

Dizem que mantém unido o casal no matrimônio e protege a casa do perigo de incêndios.

- Escreva num pedaço de papel ou pergaminho as seguintes palavras e ponha-o no ponto mais elevado da sua casa: //Sator / Arepo / Tenet / Opera / Rotas //.

```
S A T O R
A R E P O
T E N E T
O P E R A
R O T A S
```

Ritual da romã.

Trata-se de um antigo ritual a ser celebrado pelo casal como garantia da felicidade e do amor duradouro entre ambos os membros.

- Com a lua crescente, corte duas romãs ao meio e prepare dois montinhos com os grãos; um deverá comer 220 gramas e o outro, 284.
- Contem e comam juntos os grãos.

Ritual do amor verdadeiro.

Esse antigo ritual inglês deverá ser realizado pelo casal. Dizem que reforça os laços afetivos e preserva o amor verdadeiro. Pratiquem-no a sós, se estão seguros de que o seu amor é sincero.

- Misturem, em partes iguais, algumas folhas de ervas e azedinhas, picando-as bem.
- Guarde as folhas picadas em dois saquinhos de seda vermelha idênticos.
- Cada qual traga consigo um saquinho como amuleto.

Ritual para reavivar a paixão.

Se a paixão inicial da sua relação estiver apagando, poderá reavivá-la com este ritual.

- Deve realizar-se à noite, com a lua crescente.
- Prepare um pequeno altar com uma vela vermelha, uma jarra com água e uma concha do mar.
- Dentro da concha do mar coloque algumas violetas, um pouco de rosmaninho, lavanda, e um pau de canela.
- Unja a vela vermelha com um pouco de óleo essencial de baunilha e acenda-a.
- Sente-se comodamente diante do altar e imagine uma luz vermelha que sai da terra, entra pelos seus pés e chega ao seu coração.
- Beba a água e apague a vela.
- Coloque as plantas dentro de uma bolsa de tecido e esconda-a debaixo da sua cama.
- Prepare um jantar romântico para seu companheiro e acenda a vela vermelha enquanto comem.

Ritual para reavivar a relação.

Se sente que seu parceiro/a está distanciando-se de você, este antigo ritual cigano pode ajudar.
- Sente-se diante de uma fogueira com um cesto cheio de folhas de louro secas.
- Quando o fogo começar a apagar-se, atire ao fogo um punhado de folhas de louro, dizendo:"folhas de louro no fogo, tragam-me o amor de (nome da pessoa)".
- Quando as folhas se consumirem, atire outro punhado.
- Repita a operação três vezes.

Ritual do lenço.

Trata-se de outro antigo ritual para a prática de um casal que garante a união estável e duradoura.

- Escolham um lenço branco.
- Cada membro do par deverá fazer dois nós no lenço.
- Quando os quatro nós estiverem feitos, entre os dois, deverão fazer um nó grande e bem apertado, puxando ambos de cada extremo com força.
- Guardem o lenço num lugar seguro onde ninguém possa vê-lo.
- Cada mês deverá pôr duas gotas de óleo essencial de rosas no lenço, para alimentar regularmente seu poder.

Ritual para os ciúmes.

Se você é possessivo e sente que seus ciúmes podem arruinar sua relação, procure qualquer tipo de pedra verde, uma cornalina e uma ametista.

- Durante uma noite de lua nova, guarde-as dentro de um saquinho de tecido e diga: "a cornalina cura meus ciúmes, a ametista me dá o autocontrole que necessito e esta pedra verde dissipa meu egoísmo".
- A partir de agora leve sempre o saquinho consigo. Cada vez que sentir que está sendo levado pelos ciúmes, pegue uma das pedras do saquinho e atire-a o mais longe que puder.
- Em seguida, deverá procurar outra pedra que a substitua e esperar a lua nova para repetir o ritual.

Ritual para curar os ciúmes do seu parceiro.

Coloque uma foto do seu parceiro em uma sala sem móveis e acenda uma vela verde ao lado da foto.
- Pegue uma barrinha de incenso de canela com a mão direta e acenda-a com a chama da vela.
- Partindo do lugar onde está situada a foto, comece a caminhar em círculo ao redor da sala, em sentido contrário ao dos ponteiros de um relógio, sem deixar de levar o incenso.
- Quando ele estiver extinto, apague a vela e ventile a sala.

Ritual para que seu companheiro não a esqueça.

Se o seu parceiro for ausentar-se durante algum tempo e receia que seu amor possa esfriar-se, este ritual fará que seus laços se mantenham intactos. Preferivelmente à noite:
- Enrole um metro de fita vermelha no seu dedo anular, enquanto pronuncia o nome da pessoa e formule o desejo de que seu amor não seja alterado pela distância e pela ausência.
- Repita este ritual a cada dia até que a pessoa regresse.

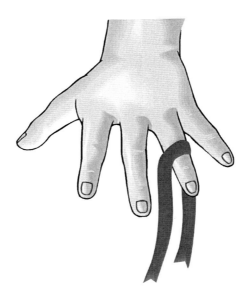

Ritual para recuperar o interesse do seu parceiro.

Pratique este ritual se a pessoa amada perdeu o interesse sexual ou mostra-se pouco apaixonada.

Deverá realizá-lo no seu dormitório, com extrema discrição.

- Se vista com algo de cor vermelha e acenda quatro velas vermelhas aos pés da sua cama.
- Coloque vários ramos de lavanda em cada canto da residência e uma jarra com rosas vermelhas ao lado das velas.
- Sente-se na cama e visualize seu coração.
- Durante cinco minutos aproximadamente, imagine que o ar que respira chega até seu coração e sai dele.
- Depois visualize que seus desejos se cumpram da maneira que lhe resultem mais satisfatórios.
- Apague as velas e esconda-as.
- Guarde a lavanda dentro de um saquinho de tecido e coloque-o em baixo da sua cama.

Ritual para facilitar a comunicação com seu parceiro.

Este ritual é indicado para aqueles que têm um parceiro/a excessivamente reservado e pouco dado a falar de si e de seus sentimentos.
- Prepare uma infusão com um litro de água mineral e duzentos gramas de alfavaca.
- Quando a infusão estiver fria, esfregue o piso do seu dormitório com ela.
- Também pode pô-la num frasco com vaporizador e usá-la como ambiente no dormitório.

Ritual para suavizar os defeitos do seu parceiro.

Se adora seu parceiro, mas não suporta que fume ou beba, este ritual cigano pode ajudar a corrigir seus hábitos nocivos.
- Consiga uma caixa vazia da marca dos seus cigarros favoritos ou uma etiqueta da bebida mais habitual e crave-a com um prego de ponta oxidada, longe da sua casa, sobre um pedaço de madeira.
- Se o fizer sobre uma viga de madeira de uma casa em ruínas, o ritual será mais efetivo.

Ritual para receber propostas de matrimônio.

- Faça uma infusão de flores de sauco.
- Quando a infusão estiver tépida, retire as flores e acrescente-lhes um litro de vinho.
- Prepare um jantar para a pessoa com quem deseje casar-se.
- Durante o jantar sirva o vinho num só copo e tomem os dois do mesmo.
- Receberá uma proposta de casamento desta pessoa em menos de um ano.

Ritual para receber propostas de casamento nº 2.

Se conhecer uma pessoa e deseja casar-se com ela:
- Faça um nó em um anel com uma fita vermelha e leve-o escondido entre suas roupas, sempre que estiver com esta pessoa.
- Em pouco tempo, desejará casar-se com você.

Ritual para que aceitem uma proposta de matrimônio.

Se desejar chegar ao altar, mas a pessoa amada não parece tê-lo bem claro, com este ritual logrará receber o sonhado "sim eu quero".

- Deverá começar numa quinta-feira ao anoitecer, com a lua crescente.
- Coloque-se despido, diante de um espelho e amarre uma fita vermelha ao redor da cintura.
- Deixe uma ponta mais longa e puxe-a com força enquanto imagina que a pessoa amada está na outra extremidade.
- Não retire a fita deverá levá-la durante sete dias seguidos.
- Repita o ritual durante seis dias mais, sempre na mesma hora.
- Após os sete dias, retire o cinto e esconda-o em baixo da sua cama.

Capítulo IV

Rituais
para recuperar
a pessoa amada

Algumas palavras de advertência sobre os rituais contidos neste capítulo: poderão lhe ajudar a recuperar a pessoa amada ou cuidar da sua relação amorosa, se a outra pessoa também quiser, ainda que seja somente de forma inconsciente.

É contra indicado obrigar alguém a permanecer em uma relação que não deseje seguir.

Portanto, se depois de praticar algum ritual deste capítulo, não se produzirem os resultados desejados, deverá interpretar como terminada essa relação, pelo menos temporariamente e é desaconselhável insistir. Caso contrário, você será o principal prejudicado, pois terminará dividindo sua vida com alguém que não deseje estar com você. Existe algo pior?

Em vez de abrir-se às novas possibilidades e deixar que sua vida flua. Se, depois de praticar algum ritual deste capítulo, a pessoa que ama continua a não corresponder-lhe, medite sobre todo o sofrimento que o aborrecerá se aceitar a situação e abandonar sua luta pela conquista do seu coração.

Encontrará, no momento propício, uma fórmula para reconquistar seu próprio coração e cuidar das suas feridas internas; em outras palavras, de regressar a o que você era antes.

Feitiço da batata.

É empregado para evitar que um membro do casal abandone a relação.

- Escolha duas batatas similares na forma e no tamanho.
- Corte-as ao longo em duas partes.
- Guarde uma metade de cada batata.
- As duas metades que sobram, cozinhe-as e coma-as com seu parceiro com abundante sal e salsinha.
- Depois escolha uma das metades de batatas que guardou para que o represente, a si e a parceira ou parceiro.
- Com a ajuda de um alfinete, grave seus nomes e datas de nascimento nas metades correspondentes.
- Unte com mel a parte interior de cada metade e grude-as para que pareçam uma só batata.
- Na metade que representa a pessoa parceira, crave horizontalmente uma ponta suficientemente longa para que chegue até a metade da batata que o representa, de modo que ambas as metades estejam conectadas pela ponta.
- Amarre as duas metades com uma fita de cor vermelha.
- Enterre essa batata de duas metades, numa noite de lua cheia.
- Se não tem jardim, pode enterrá-la em um vaso e em cima plantar um cactus.

Ritual para desfazer um triângulo amoroso.

Este ritual é indicado unicamente para mulheres cujos maridos têm uma relação amorosa fora do matrimônio.
- Dirija-se a uma encruzilhada com o cabelo solto e sem pentear.
- Pegue um pedregulho e coloque-o na axila esquerda.
- Diga estas palavras: "assim como este pedregulho pode ser retirado de uma encruzilhada, essa mulher será retirada do coração do meu parceiro".
- Mantenha o pedregulho na axila esquerda, vá a outra encruzilhada e pegue outro pedregulho.
- Desta vez, coloque-o na axila direita.
- Repita as mesmas palavras que pronunciou na primeira encruzilhada.
- Sem soltar os pedregulhos, procure outra encruzilhada.
- Apanhe um outro pedregulho e coloque-o entre os seios.
- Repita pela terceira vez, as mesmas palavras.
- Vá para casa e antes de entrar, atire os três pedregulhos na sarjeta.

Feitiço para reconquistar seu parceiro.

Para este feitiço será necessário um punhado de sementes de girassol e uma moeda de cobre.

Faça-o se percebe que seu parceiro perdeu interesse por você ou se está planejando abandonar a relação.

- A noite, com a lua crescente, dirija-se a um campo ou um jardim próximo.
- Leve consigo a moeda e as sementes de girassol.
- Mostre a moeda de cobre à Lua e depois enterre-a na terra e distribua as sementes de girassol, formando a letra inicial do nome do seu parceiro.
- Regue-as todos os dias até que germinem.

Ritual para reconquistar sua parceira.

Caso sua parceira não se mostre tão interessada como você, na sua relação, experimente o seguinte ritual.

- Consiga três cabelos da sua parceira e acenda uma barrinha de incenso de rosas.
- Repita várias vezes seu nome e expresse em voz alta o desejo de ser correspondido.
- Aproxime os três cabelos à barrinha de incenso e faça com que se queimem.
- Enquanto isto acontece, imagine que sua companheira se mostre apaixonada e lhe corresponda como você deseja.
- Deixe que a barra de incenso se consuma totalmente.

Amuleto da reconciliação.

Discutiu com seu parceiro e deseja reconciliar-se, misture folhas de eucalipto secas com pétalas de rosa e ponha-as num saquinho de seda.
Ofereça-o à pessoa amada.
Se o aceita? Pronto! Vocês se reconciliarão.

Ritual para reforçar uma relação.

Se a sua relação de parceiro/a está passando por um momento ruim, este ritual irá ajudar a melhorar e tornar a ser como antes.

- Perfure uma maçã grande e ponha dentro uma mecha do cabelo da pessoa amada amarrada com uma fita cor de rosa, uma mecha do seu próprio cabelo também amarrada com uma fita branca, sete pétalas de rosa e um pouco de canela moída.
- Acenda três velas rosa e passe a maçã três vezes sobre as chamas das três velas, enquanto reza para que sua relação melhore.
- Quando tiver terminado, envolva a maçã em um tecido branco e enterre-a próxima dos cimentos de sua casa.
- Deixe que as velas queimem até consumirem-se.

Ritual para recuperar o amor da pessoa amada.

- Ponha um litro de água com meio litro de água de rosas em uma panela de ferro ou de aço inoxidável.
- Acrescente dois ou três Cardamomo, um pau de canela e alguns cravos de cheiro.
- Ferva a mistura em fogo lento durante cinco minutos e retire a panela do fogo.
- Num papel, escreva o nome da pessoa e ponha-o depois dentro da panela.
- Acrescente a seguir uma peça de roupa sua (uma camiseta ou lenço).
- Deixe que o papel e a roupa se empapem com a mistura durante 20 minutos.
- Ponha de novo a panela no fogo e deixe-a ferver por mais uma hora.

Ritual para reconciliação.

Se houve um desentendimento com seu par e a reconciliação parece impossível, faça o seguinte:

- Procure uma foto sua e um prato de cristal arroxeado.
- Ponha a imagem voltada para baixo sobre o prato durante uns 15 minutos.
- Transcorrido esse tempo, retire a foto do prato e aguarde por três horas.
- Se nada acontecer, pode repetir o ritual até três vezes.
- Se após as três vezes seu par não lhe pedir perdão, faça-o você, seu par estará aberto para lhe perdoar: é muito provável que a mágoa já se tenha passado.

Ritual para evitar o divórcio.

Para evitar que isto aconteça faça o seguinte: compre uma maçã bem bonita, de bom aspecto.
- Corte-a em duas metades iguais.
- Em uma folha de papel em branco escreva, com letra pequena, seu nome e depois o do seu par.
- Recorte os nomes com uma tesoura e ponha-os entre as duas metades da maçã.
- Com dois palitos longos, una as duas metades, cravando diagonalmente, primeiro da direita para a esquerda e depois da esquerda para a direita.
- Asse a maçã no forno até que pareça inteira.
- Retire os dois palitos e ofereça-a ao seu ser amado.

Amarramento simples.

Quando as coisas estão tornando-se difíceis entre você e seu par querido, pode realizar este simples amarramento para evitar a ruptura ou o divórcio.

Com um pedaço de fita vermelha amarre uma foto do seu par a uma ferradura usada e esconda-a em baixo da cama.

Ritual para que seu par regresse nº 1.

Rompeu com a pessoa amada e deseja que regresse, este ritual pode ajudar a trazê-la de volta.

- Numa quinta feira à noite, finque um alfinete em uma cebola imaginando que o alfinete é um pensamento que o seu par tem a seu respeito.
- Durante o dia, deixe a cebola ao sol com o alfinete cravado.
- Repita este ritual durante sete noites seguidas com sete alfinetes diferentes e depois plante a cebola em um terreno próximo.

Ritual para que seu par querido regresse nº 2.

- Moa, em um recipiente, várias folhas de louro, um pau de canela, algumas folhas de lavanda e vários anises estrelados.
- Acrescente na mistura duas ou três colheradas de açúcar.
- Se o seu parceiro deixou alguma peça de roupa em casa, pulverize a mistura sobre suas roupas.
- Caso contrário, envie-lhe uma carta com uma pitada da mistura.

É infalível.

Ritual para que seu par querido regresse nº 3.

Na primeira hora da manhã acenda a chaminé ou faça uma fogueira no jardim da sua casa.
- Acrescente sete punhados de sal ao fogo.
- Repita este ritual durante sete dias seguidos, sempre na mesma hora.

Ritual para que seu par querido regresse n°4.

Para este ritual necessitará de duas velas cor de rosa, uma vela verde, outra azul, outra vermelha e outra amarela.
- Em uma sala desocupada coloque a vela vermelha no sul, a verde no norte, a amarela ao leste e a azul ao oeste.
- No centro coloque as duas velas cor de rosa.
- Acenda todas e sente-se no meio da sala, ao lado das velas cor de rosa.
- Pronuncie as seguintes palavras, tantas vezes como creia necessárias: "Deuses do fogo, façam com que se cumpra meu desejo e traga-me de volta (o nome da pessoa)".

Ritual para que seu par querido regresse nº 5.

Para este ritual é necessário localizar antes uma árvore com um ninho de passarinho.
- Compre cinco rosas vermelhas e enterre uma debaixo da árvore.
- Deixe outra na porta de uma igreja, outra num rio ou riacho e outra numa encruzilhada.
- Durma com a quinta rosa em baixo do travesseiro durante três noites.
- Depois, arranque as pétalas e deixe-as nos 4 cantos do exterior da sua casa.

O elixir da verdade.

Esta poção lhe será de grande ajuda para descobrir se o seu par (ele ou ela) está dizendo-lhe a verdade.
- Acrescente uma colherada de sementes de cominho e outra de cominho a um litro de vinho tinto.
- Deixe o preparado em repouso durante quatro horas.
- Ofereça ao seu par durante a refeição e espere, logo começará a lhe falar somente as verdades.

Ritual para obter a sinceridade da pessoa amada.

- Prepare uma infusão com um litro de água, pétalas de rosa vermelha, pétalas de cravo vermelho, verbena e folhas de menta.
- Acrescente a infusão à água de lavar os lençóis ou derrame algumas gotas sobre os lençóis já secos para que seu par seja sempre sincero com você.

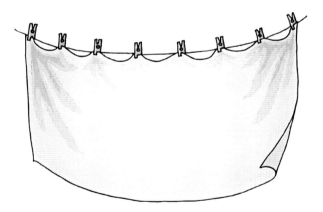

Ritual para confissão de infidelidade.

Antes de dar início, deverá improvisar uma pequena oração em que se compromete a não causar dano ao seu par amado, no caso que venha confessar sua infidelidade.

- Enquanto dorme, coloque os sapatos do seu par com as solas para cima e tape-as com um pedaço de tecido.
- Espere ele o confessará em sonhos ou falará quando estiver acordado.
- Se não fizer isto, ponha os sapatos na sua posição original e durma você também.
- Fique ouvindo o que seu par lhe dirá no dia seguinte.

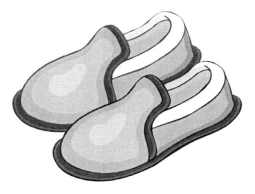

Ritual para recuperar a pessoa amada.

- Uma sexta-feira à noite, escreva seu nome e o primeiro nome da pessoa que deseja recuperar em um pedaço de papel.
- Desenhe um quadrado ao redor dos nomes e diga: "Nosso destino está selado porque somos um".
- Recorte o quadrado que desenhou e esconda-o dentro do seu travesseiro

Ritual para reavivar o desejo sexual.

Pode praticar este ritual, caso o seu par se mostre inapetente ou sem interesse na relação.

- Grave com alfinete o nome da pessoa em uma vela com forma humana e coloque, em uma frigideira, milho para fazer pipocas.
- Acenda o fogo, mas não tampe a frigideira, deixe que as pipocas saltem por toda a cozinha.
- Enquanto saltam, expresse em voz alta o seu desejo.
- Se alguma pipoca chega a tocar a vela, o seu desejo se cumprirá em pouco tempo.

Feitiço de fidelidade nº 1.

Pode praticar este ritual quando teme que seu par lhe seja infiel.
- Em uma noz moscada escreva o nome completo dele e em outra o seu.
- Amarre as duas nozes com uma fita vermelha e envolva-as primeiro em uma peça de roupa íntima do seu par, depois em outra a sua.
- Guarde tudo dentro de um envelope grande de cor branca.
- Durma com o envelope embaixo do seu travesseiro, cada vez que seu parceiro se ausente de novo.

Feitiço de fidelidade nº 2.

Para se assegurar da fidelidade da sua pessoa amada, passe duas pimentas malaguetas ao longo do corpo dele, sem chegar a tocar-lhe, enquanto está dormindo. É importante que as pimentas passem próximas ao seu corpo a dois ou três centímetros de distancia, como se estivesse realizando uma limpeza de aura.

- Quando tiver terminado, forme uma cruz com as pimentas e fixe-a com um alfinete.
- Dobre o alfinete para evitar agulhadas.
- Esconda a cruz formada com as pimentas, em baixo do colchão, do lado onde dorme seu companheiro(a).

Feitiço de fidelidade n° 3.

Em seguida, outro feitiço para garantir a fidelidade do seu companheiro(a).
- Queime uma raiz de nardo ou angélica e enterre as cinzas no seu jardim ou em um vaso.
- Toda sexta-feira coloque duas gotas de óleo essencial de nardo no lugar onde enterrou as cinzas para manter vivo o feitiço.

Feitiço da fidelidade nº 4.

Para que este feitiço dê bons resultados, deverá realizá-lo uma segunda-feira à noite.
- Ponha alguns grãos de sal grosso, impregnados no seu perfume favorito, dentro da bainha da calça do seu parceiro.
- Assegure-se de que seu parceiro leve essas calças na mala, quando for ausentar-se por algum tempo.

Ritual anti-sedução.

Se alguém trata de seduzir sua pessoa amada, pode freá-lo, praticando este ritual um sábado com a lua minguante.

- Escreva nove vezes em um papel o nome da pessoa que está tentando seduzir seu amor.
- Dobre o papel e ponha dentro de um prato fundo.
- Jogue um punhado de sal no papel e um pouco do suco de um limão.
- Deixe que repouse toda a noite.
- Na manhã seguinte, enterre o papel e o sal junto à entrada da sua casa.

Ritual para que seu par abandone uma relação extra-matrimonial.

- Desenhe um círculo com giz sobre o solo.
- Dentro do círculo desenhe uma estrela de cinco pontas.
- Ponha uma vela branca e um dente de alho em cada ponta.
- No meio da estrela, deposite um prato resistente ao fogo com alguns raminhos secos de alecrim.
- Acenda as velas e queime o alecrim.
- Quando as velas se tiverem consumido, recolha os restos do ritual e enterre-os próximo da sua casa.

Capítulo V

Rituais
para terminar uma relação

Ocorrem as vezes que, ainda que intelectualmente aceitemos e vejamos a ruptura como a melhor alternativa, nossas emoções levam-nos a pensar que estamos equivocados.

Os rituais deste capítulo nos ajudarão a esclarecer nossos pensamentos sobre o processo de ruptura e também a evitar sofrimentos desnecessários à pessoa amada ou amante, quando se resiste à ideia de que não queremos continuar com essa relação. Pratique-os com as melhores das intenções, para que a ruptura se desenvolva de um modo pacífico e o sofrimento derivado dela seja consideravelmente reduzido.

Feitiço para romper com seu parceiro.

Se já tentou, sem sucesso, romper com a pessoa parceira, experimente com o seguinte preparado.
- Triture um pouco de cânfora, poejo e folhas de olmo americano.
- Pulverize a mistura e coloque-a dentro dos sapatos e dos bolsos do seu par.
- A fórmula leva um tempo, mas age de modo muito sutil.

Feitiço para pretendentes indesejados.

- Ponha duas gotas de óleo essencial de cânfora branca numa bola de algodão.
- Coloque-a por entre as suas roupas para afugentar os pretendentes indesejados.

Feitiço anti-amor.

Quando se deseja romper com um amante ou afugentar um pretendente que não se dá por vencido, convide-o a comer e ofereça-lhe unicamente um prato de nabos cozidos. Nunca mais retornará.

Ritual para abandonar uma relação nº 1.

Quando se sente estar preso na presente relação de casal e não obstante, não é capaz de romper definitivamente, esse ritual lhe trará a força e a coragem que necessita para por fim a essa união.
- Na lua crescente, pegue uma foto sua com seu parceiro(a).
- Corte a foto pela metade e guarde a parte em que está você.
- Vá a um campo ou a um monte afastado da sua casa e enterre a outra metade da foto onde está seu parceiro.
- Plante em cima uma lavanda ou uma roseira e abandone o lugar imediatamente sem olhar para trás.

Ritual para abandonar uma relação nº 2.

Para este ritual necessitará um baralho francês e duas velas brancas. Preferivelmente deverá ser realizado com a lua minguante para que resulte mais efetivamente.
- Acenda duas velas brancas com dois fósforos diferentes.
- Pegue o cinco de espadas e o oito de ouros do baralho.
- Retire outras duas cartas ao acaso: uma a representará, a outra, representará seu par.
- Ponha o cinco de espadas sobre a carta que o representa e o oito de ouros, sobre a que representa seu par e diga: "Chegou o final da nossa relação, ofereço-lhe toda minha amizade".
- Deixe que as duas velas se consumam totalmente, enquanto que, de forma mental, envie seus melhores votos ao seu par.
- Em pouco tempo, a relação começará a esfriar-se.

Feitiço para desfazer-se de um amante indesejado.

Para preparar este feitiço necessita de uma peça de roupa do seu amante.
- Corte um quadrado de tecido da peça que tenha conseguido e escreva seu nome com um giz.
- Na lua cheia, acenda uma vela cor de rosa.
- Deseje sorte ao seu amante e queime o quadrado de tecido com a chama da vela.
- Deixe que a vela se consuma totalmente.
- Depois enterre os restos da vela e da peça de roupa em algum lugar longe da sua casa.

Ritual para suavizar a ruptura.

Se decidir romper com seu par e teme que não seja aceito facilmente, este ritual atenuará o impacto que sua decisão poderia causar-lhe.

- Apanhe uma pedra branca, um pedaço de corda branca e duas velas brancas.
- Em um pedaço de papel escreva o nome do seu parceiro e envolva a pedra com ele.
- Amarre tudo com a corda e ponha entre as duas velas brancas.
- Acenda-as e deixe que se consumam completamente.
- Depois desfaça o nó da corda, retire o papel e a pedra branca e enterre tudo, inclusive os restos de cera, longe de sua casa.

Ritual para evitar o assédio de um ex-amor.

Há aqueles que não aceitam que a relação tenha terminado e em vão tentam recuperar a sua volta, chegam a perseguir e molestar. Se sofre deste tipo de assédio, este ritual poderá ajudar.

- Ponha uma foto do seu antigo parceiro(a) entre dois pedaços de cartolina negra, de modo que a foto fique tampada.
- Pegue os dois pedaços de cartolina com a foto no meio.
- Encha uma vasilha hermética com água e duas gotas de tinta ou de aquarela azul.
- A água deverá adquirir um ligeiro tom azulado.
- Ponha a foto na vasilha de água azulada e feche-a.
- Ponha a vasilha no congelador e não a retire até que o(a) ex deixe de importunar.

FIM